Viele Feste unterbrechen den Alltag und begleiten uns im Wechsel der Jahreszeiten durch das ganze Jahr und unser ganzes Leben. Sicher wird es auch Ihnen Freude bereiten, Schmuck für diese festlichen Anlässe selber herzustellen. Heute finden wir eine große Anzahl von Materialien in den Fachgeschäften unserer Städte. Sie beflügelt unsere Phantasie, und es kribbelt in den Fingern, selbst etwas Schönes zu schaffen.
Die vielen bunten Fotos in diesem Buch zeigen Ihnen Ergebnisse dieser Freizeitbeschäftigung. Aus Seidenbändern, Draht, Spitzen-, Filzresten, Perlen und Blumenband können Sie mit nur wenig technischem Wissen die Blumen nacharbeiten, die Ihre Sträuße und Gestecke mit Farbtupfern versehen. Die große Farbpalette der Bänder gibt Ihnen die Möglichkeit, für jeden Raum den passenden Blumenschmuck zu finden. Gern verwende ich auch für meine Sträuße und Gestecke natürliche präparierte Blätter und Gräser, weil ich finde, daß die Seidenblumen dadurch lebendiger wirken.
Ursula Keil, meinen Kursteilnehmerinnen Christiane Kaiser, Karin Markwort, Lieselotte Köninger, Heike Vierke und Monika Wend möchte ich recht herzlich danken, daß sie mir einige ihrer Arbeiten für Fotos zur Verfügung gestellt und damit geholfen haben, dieses Buch zu verschönen und noch abwechslungsreicher zu gestalten.
Sicher werden die vielen bunten Fotos Sie dazu anregen, selbst mit der schöpferischen Arbeit zu beginnen, und ich bin überzeugt, daß auch bei Ihnen Neues und Schönes entsteht! Viel Erfolg und Freude beim fröhlichen Schaffen wünscht Ihnen

Rosemarie Krummrich

Sträuße binden

Wenn Ihr Strauß eine schöne Form erhalten soll, müssen Sie sich zuerst viele kleine Sträußchen binden. Hierfür schneiden Sie den Ruskus bzw. das Erikalaub in etwa 5 cm lange Stücke, die Sie mit Bindedraht zu kleinen Büscheln zusammenfügen und z.B. mit Seidenblumen, Strohblumen oder auch Bouillonblüten zu kleinen Sträußchen binden. Achten Sie bitte darauf, daß der Ruskus auf gleicher Höhe mit der Blüte liegt und sie nicht verdeckt. Die zarten Gräser dürfen darüber hinausragen. Wenn Sie genügend kleine Sträuße haben, wählen Sie sich davon einen als Mittelpunkt. Danach ordnen Sie rundherum die nächsten Sträußchen an, jede Lage immer etwas tiefer, und binden sie mit Bindedraht zusammen. Zum Schluß umwickeln Sie die Stiele mit Blumenband. Falls Sie den Strauß ohne Vase verschenken wollen, wirkt er dekorativer, wenn Sie ihn in eine Manschette stecken, die Sie in den verschiedensten Ausführungen im Fachhandel kaufen können.

Gestecke anordnen

Als Gefäße eignen sich Schalen, Vasen und auch Körbe, die Sie mit Oasis-Steckschaum füllen. Falls Sie für Weihnachtsgestecke Tanne oder Kiefer verwenden, wählen Sie einen „Steckschwamm für Naßgestecke", den Sie feucht halten können. So haben Sie länger Freude an Ihrem Gesteck. Achten Sie darauf, daß die Ruskuszweige nicht länger als die Blumen sind. Die Gräser dürfen darüber hinausragen. Beginnen Sie von der Mitte aus, Blumen, Blätter und Gräser in den Steckschaum zu stecken. Die vielen bunten Fotos geben Ihnen Anregungen für Ihre Arrangements.

Blätter herstellen

Sie gibt es in verschiedenen Farben und Formen im Deko-Fachgeschäft zu kaufen. Zum Selberherstellen eignen sich Reste von „Rollopapier" (Wachstuch), das Sie im Fachhandel erhalten können. Schneiden Sie sich das Blatt (wenn gezackt mit der Zackenschere) nach Schnitt zu. Die Adern können Sie von der Rückseite des Blattes aus, z.B. mit einem leeren Kugelschreiber (Nagel) einzeichnen. Verwenden Sie dabei eine weiche Unterlage, z.B. Filzplatte oder ein Reststück Teppichfußboden.
Für den Stiel umwickeln Sie ein Stück Blumendraht mit selbstklebendem Blumenband oder Blumenkreppband, ziehen ihn in Blattlänge durch Alleskleber und kleben ihn rückwärts der Länge nach in der Mitte des Blattes auf. Gerne verwende ich für meine Sträuße und Gestecke auch natürliche präparierte Blätter und Gräser, die Sie im Fachhandel kaufen können. Sammeln und trocknen Sie dafür auch Blätter und Gräser, die sich aus Ihren frischen Blumensträußen dafür eignen (z.B. Eukalyptuszweige, Schleierkraut und Strohblumen).

Sträuße pflegen

Von Zeit zu Zeit übersprühe ich meine Sträuße und Gestecke mit einer Wassersprühflasche für Blumen. Wie ihre lebendigen Schwestern gehen sie aus diesem „Duschbad" taufrisch hervor.

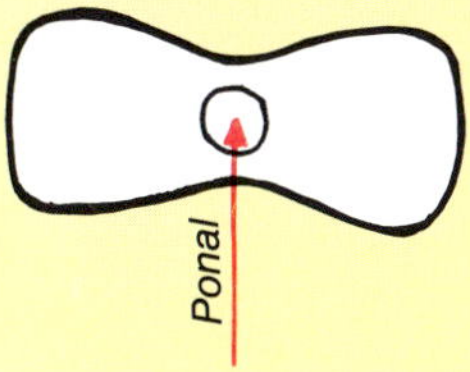

Herstellen der Blütenblätter

(Allgemeine Tips)

Kleben:

Zum Kleben der Blütenblätter verwende ich gern Ponal (Weißleim), der gleichzeitig eine Stärke-Wirkung auf das Seidenband ausübt und nach dem Trocknen transparent wird. Sonst habe ich auch gute Erfahrungen mit dem Pritt Klebestift gemacht, der die Seidenblätter schnell und sauber zusammenklebt.

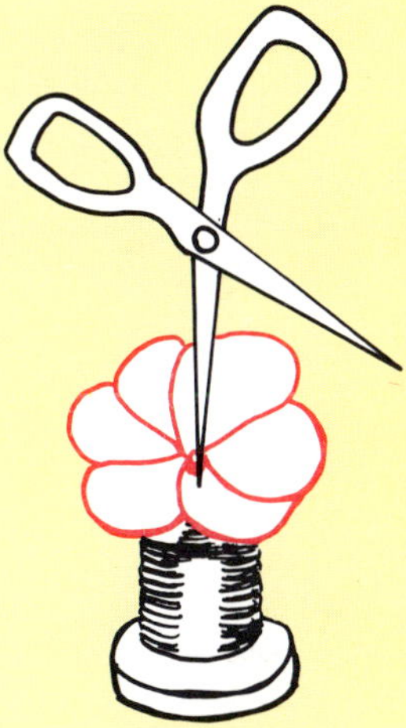

Durchstechen der Blüte

Durchstechen:

Legen Sie die zur Blüte zusammengeklebten Seidenblätter über die Draht- (Bindedraht) bzw. Garnrolle und stechen Sie mit einer spitzen Schere in der Mitte ein Loch hinein.

Prägen:

Zum Prägen verwenden Sie einen Metallstab, ca. 5 mm ∅ (z.B. Schraubenzieher für Kreuzschlitzschrauben), den Sie vorher auf einem Elektrokocher (Herd) erhitzt haben. Prüfen Sie zuerst an einem Seidenbandrest, ob die Wärme stimmt.

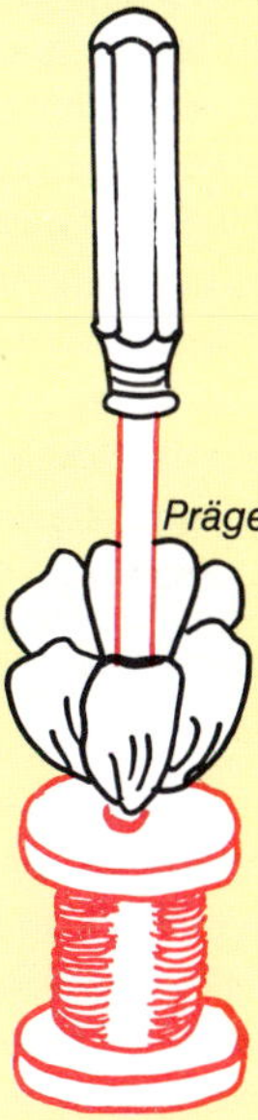

Prägen der Blüte

Dann drücken Sie den Stab auf die Mitte der Blüte und diese in die Öffnung der Drahtrolle hinein. Bei kleinen Blüten, wie Veilchen, Primeln, Apfelblüte usw. werden Sie von der Form-Wirkung überrascht sein. Etwas gestärkt läßt sich das Seidenband noch leichter formen. Ich habe dafür auf einem flachen Teller Ponal 1:1 mit Wasser vermischt und das zugeschnittene Seidenband einmal durchgezogen. Wenn es getrocknet ist, können Sie die abgerundeten Enden, wie Sie es beim Geschenkband gewohnt sind, einfach über die Schere ziehen. Bei größeren Blütenblättern können Sie noch zusätzlich eine gute Wirkung erzielen, wenn Sie diese auf eine weiche Unterlage legen (ich habe dafür ein mehrfach zusammengefaltetes Frotteehandtuch benutzt) und mit dem erhitzten Metallstab in der Mitte eindrücken.

Ein neues Jahr beginnt, ein Kind wird geboren. – Das Blumenkörbchen wird der jungen Mutter sicher über lange Zeit hinweg viel Freude bereiten.

Blumenkorb

Eine Margerite, Strohblumen, Erikalaub, Asparaguszweig und bunte Gräser aus dem Dekogeschäft wurden abwechselnd mit vielen kleinen Seidenrosen (s. S. 20) aus rosa-, lachsfarbenen Seidenbändern in den Oasis-Steckschaum gesteckt.
Das Steckkissen mit dem Kind auf der Glückwunschkarte ist aus Stoff-, Fell- und Filzresten geklebt worden.

Bauernwagen

Material:
Eine halbe Nußschale, eine kleine Holzperle, etwas Hanf oder Rupfen, Watte, Stoffrest, 2 Garnrollen, Draht und Ponal.

Aus ca. 30 cm Draht biegen Sie sich für das kleine „Verdeck" und den „Griff" ein Drahtgestell (s. Bild). Die größere Schlinge bekleben Sie von beiden Seiten mit Baumwollstoff. Nach dem Trocknen beschneiden Sie den überstehenden Stoff mit einer Zackenschere, so daß eine 0,5 cm breite Rüsche bleibt. Den „Griff" können Sie mit braunem, selbstklebendem Blumenband umwickeln.

Nun biegen Sie aus der großen, mit Stoff beklebten Schlinge das kleine „Verdeck" und drücken den verdrillten Draht in die Nußschale. Kleben oder nähen Sie zwei kleine Kissen. Auf das Kopfkissen nähen Sie die Holzperle, die sie vorher mit etwas Hanf (Haare) beklebt haben. Wenn Sie beide Enden des Hanfstreifens über eine Schere ziehen, bekommt das „Kind" Locken. Kleben Sie das Kopfkissen in die Nußschale und vorn etwas darüber das Steppkissen. Die langen, schmalen Garnrollen (braun angemalt) habe ich mit einer Feile in der Mitte so tief ausgefeilt, daß sie sich der Nußschale besser anpassen. Diese Stellen bestreichen Sie mit Alleskleber und drücken die Nußschale darauf. Als andere Möglichkeit können Sie auch Holzperlen auf Zahnstocher stecken und als Fahrgestell benutzen.

Partyblumen

Die Zeit der Kostümfeste und Partys verlangt viel Blumenschmuck für Säle oder große Räume in einer Zeit, wo Blumen nur im Gewächshaus blühen und teuer sind. Die Rosen aus Kreppapier lassen sich schnell und billig herstellen und eignen sich sowohl

zum Füllen großer Schalen als auch zum Winden von Girlanden.
Schneiden Sie sich aus Kreppapier 8 cm breite Streifen ca. 40 cm lang zurecht, falten sie längs zur Hälfte und halten die Bruchkante nach oben. Arbeiten Sie die Rosen nach der Beschreibung auf S. 20. In die große, mit Sand gefüllte Schale wurden abwechselnd Rosen, immergrüne Ilexblätter, Silbertaler und Gräser gesteckt. Tip: Sand feucht halten, damit die Ilexblätter länger frisch bleiben.
Als Grundlage für eine Girlande können Sie z. B. grünes Kreppapier um ein zusammengerolltes Drahtgeflecht wickeln und mit Rosen und Blättern bestecken.

Der Frühling hält seinen Einzug! Endlich strecken in der Natur die ersten Blumen ihre Köpfe aus der Erde und inspirieren uns, diese zarten Geschöpfe auch aus Seidenband nachzubilden.

So entstehen Veilchen und Apfelblüte:

Material:
Je Blüte 7 cm Seidenband (4 cm breit), kleine gelbe Holzperle, grüner Bindedraht, selbstklebendes Blumenband, Rest grünes Rollopapier, Ponal.

Schneiden Sie die Blumenblätter nach den Schablonen zu und kleben Sie sie versetzt mit Ponal (wegen des stärkenden Effekts) in der Mitte übereinander. Durchstechen und prägen Sie die Blätter (s. S. 3). Ziehen Sie die Perle auf grünen Bindedraht auf und verdrillen ihn unter der Perle. Bei den ja meist büschelweise wachsenden Veilchen genügt der Bindedraht als Stiel. Wie das Blatt entsteht lesen Sie auf Seite 2.

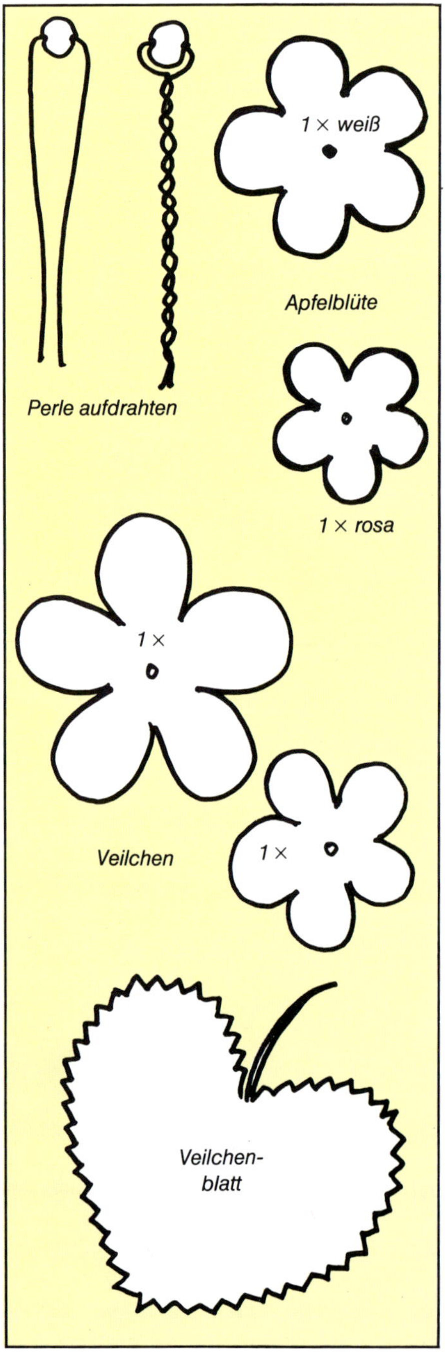

Veilchenkorb

Material:
1,50 m lila Seidenband, 4 cm breit (für Veilchen), 15 gelbe Holzperlen, 9 Veilchenblätter, Bindedraht, grünes selbstklebendes Blumenband, Oasis-Steckschwamm, ein Spankorb.

Serviettenring

Er besteht aus einem farblich zum Korb passenden Holz-Gardinenring. An dem Plastikaufhänger für die Gardinenrolle habe ich (mit Bindedraht) einen kleinen Strauß aus zwei hell- und zwei dunkellila Veilchen mit zwei Veilchenblättern befestigt. Eine zartlila, durch den Ring gezogene Serviette, und eine passende Kerze dazu vervollständigen den frühlingshaften Festschmuck.

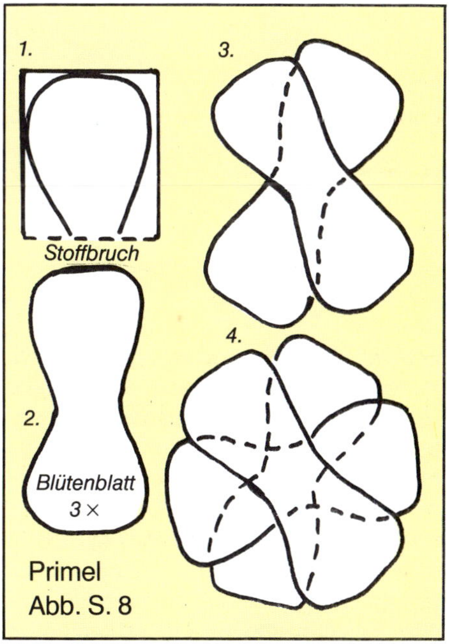

So entsteht die Primel:

Material:
Je Blüte 16 cm Seidenband (1,5 cm breit), Bindedraht, kleine Holzperle, 2 cm gelbe Sisalschnur, selbstklebendes Blumenband, Pritt-Klebestift.

Kniffen Sie das Seidenband längs in der Mitte und schneiden Sie die Blätter nach dem Muster (1.) auf S. 7 freihändig zu. Für jede Blüte brauchen Sie vier Blätter. Falten Sie diese auseinander (2.) und kleben sie übereinander (3. u. 4.).
Durchstechen und Prägen der Blütenblätter (s. S. 3). Sie können das Staubgefäß, wie beim Veilchen beschrieben, verwenden oder auch die Perle mit Sisalband umranden (Beschreibung s. S. 33). Primeln haben sehr ausdrucksstark geprägte Blätter, die schwer selbst herstellbar sind, darum habe ich es vorgezogen, mir eine Plastikprimel zu kaufen (Fachabteilung im Warenhaus). Die Blätter können Sie abschneiden und für Ihre Gestecke verwenden, wenn Sie es nicht vorziehen, das Blatt selbst herzustellen.

Wandschmuck

Material:
Ein Zwiebelkorb, Oasis-Steckschwamm, Blätter von einer Kunststoffprimelstaude, weiße Statice, Material für die Primelblüten. Wenn Sie den Zwiebelkorb mit Oasis-Steckschaum gefüllt und vielen kleinen Primeln besteckt haben (s. Foto), wird er Ihnen als Wandschmuck sicher Freude bereiten.

So entsteht die Tulpe:

Material:
Je Blüte ca. 60 cm Seidenband (3,5 cm breit), Blumendraht, Bindedraht, selbstklebendes Blumenband, Rest Rollopapier, Ponal.

Schneiden Sie nach den Schablonen die Blütenblätter je 4 mal zu. Prägen Sie die Blätter nach der Beschreibung auf Seite 3.

Danach kleben Sie je 4 große bzw. 4 kleine Blätter übereinander. Drahten Sie mehrere Staubgefäße mit Blumendraht auf und legen die Blütenblätter – erst die kleine, darüber die große Reihe – darum herum. Dann umwickeln Sie die Blütenblätter unten um den Draht (in Höhe des Abbundes der Staubgefäße) herum fest mit Bindedraht und anschließend beides mit selbstklebendem Blumenband. Die Blätter sind auf Seite 2 beschrieben. Die Stielenden der Blätter werden gegen den Drahtstiel der Tulpe gedrückt und dort gleich mit dem Blumenband fest mit eingewickelt.

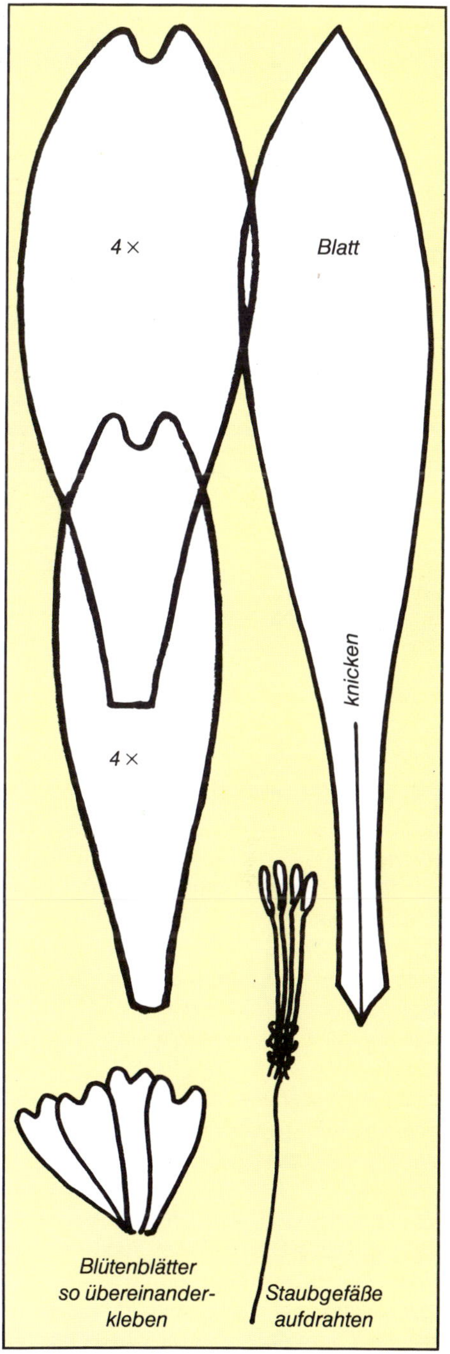

Frühlingsschale

Material:

Tonschale (15 cm ∅, Höhe 4,5 cm), Oasis-Steckschaum (evtl. Sand), Kies, eine Kunststoffprimel.

Seidenband: 4,5 cm breit, rot (50 cm), orange (1 m), lila (50 cm).

1,5 cm breit, dunkelgelb (1 m), hellgelb (1 m).

Dunkel- und hellgrüne Wachstuchreste, Staubgefäße (gelb und schwarz), zwei trockene Birkenkätzchenzweige.

Wenn vorhanden, können Sie die Schale statt mit Oasis-Steckschaum auch mit Sand füllen und diesen mit Kies abdecken. Die Kunststoffprimel kann man im Floristengeschäft oder auch im Warenhaus kaufen.

Alle anderen Blätter im Gesteck habe ich aus grünem Wachstuch geschnitten.

Den mit selbstklebendem Blumenband umwickelten Draht (ca. 6 cm lang) kleben Sie mit Alleskleber in der Mitte der Rückseite des Blattes auf. Die Drahtstengel der Primeln und der Veilchen sind 6 bis 7 cm, die der roten Tulpe 10 cm und die der beiden orangefarbenen Tulpen 8 cm lang. Bestükken Sie mit diesen Blumen die Schale (s. Foto). Zum Abschluß stecken Sie zwischen die Tulpen die kleinen Birkenkätzchenzweige.

So entsteht die Anemone:

Material:
Je Blüte Seidenband 20 cm lang, 3 cm breit, schwarze kleine Bommeln, Staubgefäße, Blumendraht, Bindedraht, Blumenkreppband, Pritt Klebestift.

Die Anemone können Sie nach der Beschreibung der Primel (s. S. 7 u. 8) herstellen. Die Staubgefäße sind auf Seite 33 beschrieben. Als Mittelpunkt wählen Sie statt einer Perle eine schwarze Bommel, die mit kleinen weiß-schwarzen Staubgefäßen eingefaßt wird (s. Zeichnung).

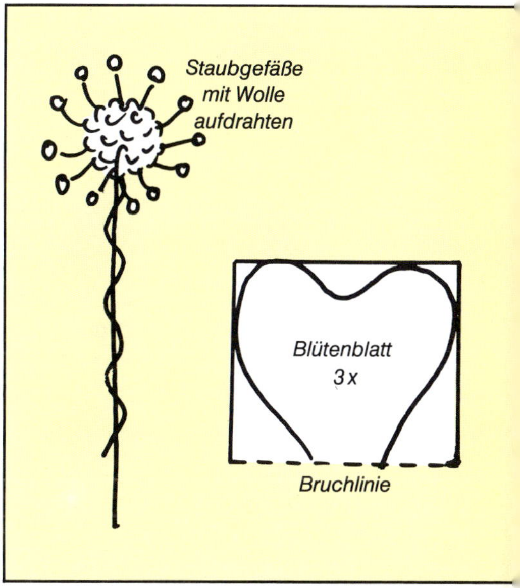

Frühlingsstrauß

Material:
Ruskus, präpariertes Erikalaub (grün), Statice, 8 Margeriten, Strohblumen, Seidenband für 16 Anemonen in den Farben Rot, Orange, Gelb, Braun, Lila. Blumendraht, Bindedraht, Blumenkreppband, braune Manschette, Pritt Klebestift.

Die gelben und weißen Margeriten sind aus dem Dekogeschäft. Die grünen Blätter müssen Sie bis hoch an die Blüte ziehen, damit sie in dem festgebundenen Strauß zur Wirkung kommen. Falls Sie es vorziehen, die Margeriten selber herzustellen, finden Sie die Beschreibung auf Seite 34 (Kornblumenstrauß). Für die Anemonen können Sie Seidenbänder in vielen leuchtenden Farben verwenden, so daß dieser Frühlingsstrauß als bunter „Farbtupfer“ lange Freude bereitet.

So entsteht das Leberblümchen:

Material:
Hell- und dunkellila Seidenband, 2,5 cm breit. Bindedraht, Staubgefäße, gelbe Wolle, selbstklebendes Blumenband, Pritt Klebestift.

Arbeitsanleitung siehe Veilchen Seite 6. Gemeinsam mit den im Handel gekauften schwarzweißen Staubgefäßen drahten Sie etwas gelbe Wolle auf.

So entstehen Vergißmeinnicht, Gänseblümchen und Filzblüten:

Material:
Filzreste hellrosa, rosa und weiß, Bindedraht, kleine Holzperlen, gelbe Wolle, Pritt Klebestift.

Schneiden Sie die Blüten des Vergißmeinnichts nach der Schablone aus Filz zu. Wenn Sie bereits Übung haben, geht es freihändig einfacher. Das Vergißmeinnicht hat das gleiche Holzperlenstaubgefäß wie das Veilchen (siehe Seite 6). Diese kleinen Filzblüten können Sie auch in den verschiedensten Farben passend zu den Blumen anderer Sträuße verwenden (siehe Foto Seite 28 und 41).
In das Blütenblatt des Gänseblümchens stechen Sie zwei Löcher ein, durch die Sie die beiden ca. 20 cm langen Enden einer Bindedrahtschlaufe ziehen, die Sie unter der Blume miteinander verdrallen. Rupfen Sie etwas gelbe Wolle auseinander, drehen Sie zwischen Daumen und Zeigefinger einen kleinen Ball und kleben diesen in die Mitte des Gänseblümchens.

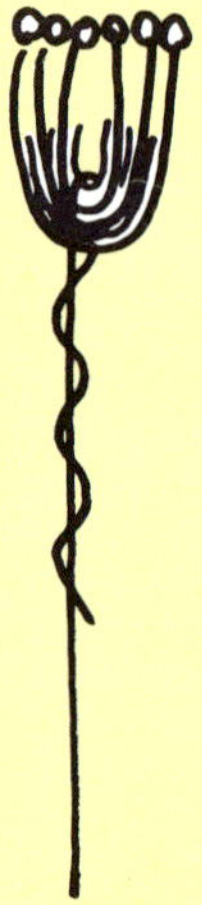

Staubgefäße mit Wolle aufdrahten

Leberblümchen

1×

Gänseblümchen

1×

Vergißmeinnicht

Kleine Biedermeiersträuße

Die zarten Blüten eignen sich besonders gut für diese kleinen Sträußchen. Für den Frühlingsstrauß in der weißen Manschette müssen Sie sich vier Leberblümchen, neun Vergißmeinnicht, vier Gänseblümchen, vier kleine Röschen (siehe Seite 20) und als Mittelpunkt eine Apfelblüte herstellen. Dazwischen binden Sie grünen Ruskus. Ich habe noch kleine Blätter von einem Adiantumzweig (aus dem Deko-Fachhandel) abgeschnitten und dazwischengebunden. Das zarte Grün dieser Blätter unterstreicht den frühlinghaften Eindruck des Sträußchens.

Für das zweite Sträußchen benötigen Sie:

Eine lila Manschette, etwas grünes Erikalaub, vier lila Röschen, eine größere in Rosé und je sechs kleine Filzblüten in den Farben Lila, Rosa und Hellgrün zusammengebunden. Die altrosa Schleife aus Geschenkband paßt farblich gut zu der großen Rose in der Mitte des Sträußchens.

Wie gefallen Ihnen zum Osterfest der Krug mit vielen bunten Ostereiern und die mit Primeln und Veilchen besteckten „Kakteentöpfchen“? Die trockenen Zweige für den Krug finden Sie zu dieser Jahreszeit reichlich in der Natur.

Ostereier

Die Eier oben und unten durchstechen und ausblasen. Das obere Loch darf etwa 0,5 cm Durchmesser haben.

Man kann den Rand, wenn nötig, mit einer kleinen Schere vorsichtig beschneiden.

Ziehen Sie eine Holzperle auf die Mitte eines ca. 30 cm langen Bindedrahtes, verdrillen ihn über der Perle und stecken ihn von unten durch das Ei hindurch (aus der oberen Öffnung evtl. mit einer Pinzette nachhelfen). Legen Sie eine Bastschlaufe in den Draht mit ein. Binden Sie sich aus Frühlingsblümchen oder Rosen mit Ruskus, Statice kleine Sträuße, stecken diese in die obere Öffnung des Eies und umschlingen sie mit dem Rest des Bindedrahtes, dessen Enden Sie dann ebenfalls in die obere Öffnung des Eies stecken.

Blumentöpfe

Schneiden Sie sich Oasis-Steckschaum dazu passend zu und durchstechen diesen mit einem Bleistift zur unteren Öffnung des Tontopfes hin. Durch dieses Loch stecken Sie die Aufhängeschlinge aus Bast, die unten mit einer Holzperle – größer als der Lochdurchmesser – verknotet wird. Wenn nötig, benutzen Sie eine Drahtschlinge bzw. große Nadel zum Durchziehen. Veilchen und Primeln eignen sich gut zum Bestecken dieser kleinen Tontöpfe.

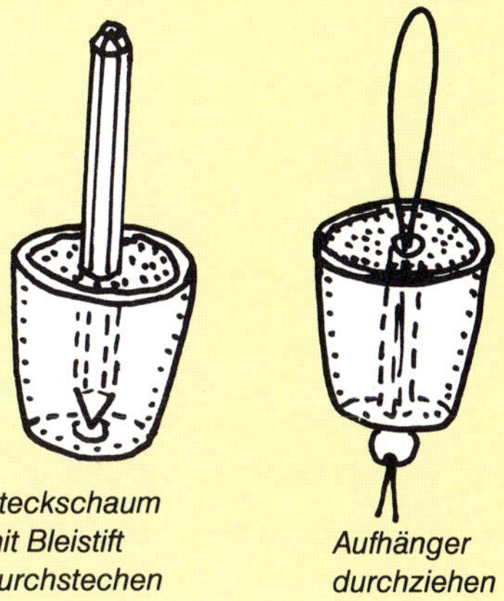

So entstehen Osterglocke und Narzisse:

Material:
Je Blume 40 cm Seidenband, 3,5 cm breit, Blumendraht, Bindedraht, selbstklebendes Blumenband, 4 cm Sisalschnur, Pritt Klebestift.

Blütenblätter:
Kleben Sie die drei zugeschnittenen Blütenblätter (siehe Schablone) auf Lücke zusammen (Beschreibung Mohnblume siehe Seite 31 u. 33).

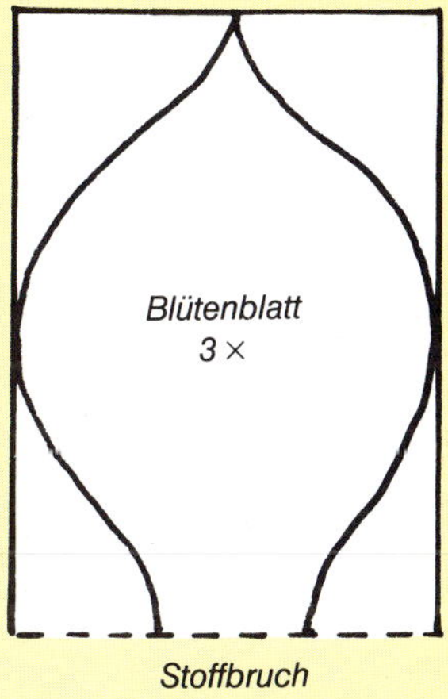

Staubgefäß:
Für das Staubgefäß biegen Sie ein Stück Bindedraht (ca. 15 cm lang) am oberen Ende zu einer Schlinge. Durch diese ziehen Sie dann eine 4 cm lange, vorher aufgedrehte, braune Sisalschnur hindurch, drücken beide Büschelenden kräftig hoch und verdrillen darunter den Draht.

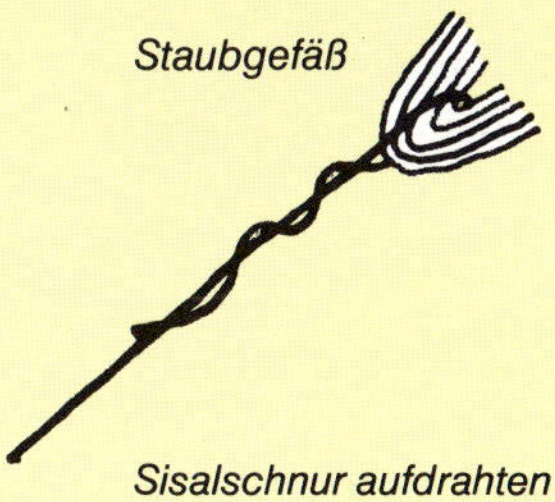

Glocke:
Für die Glocke schneiden Sie sich 8,5 cm vom Seidenband ab, beschneiden es an einer Längsseite (oben) mit der Zackenschere und kleben es an den Schmalseiten übereinander. Nun stecken Sie den Stiel des Staubgefäßes von oben in den zusammengeklebten Bandstreifen. Unterhalb der Sisalschlaufe falten Sie das Band zusammen und umwickeln es auf dem Staubgefäßstiel fest mit Bindedraht. Bestreichen Sie die Mitte der zusammengeklebten und durchstochenen Blütenblätter mit Klebstoff und stecken den Drahtstiel der fertigen „Glocke" hindurch. Drücken Sie Blütenblatt und Glocke zusammen, bis sie fest verklebt sind.
Zum Abschluß umwickeln Sie den Stiel mit selbstklebendem Blumenband.

Frühlingsgesteck

Material:
Braune Tonschale (10 cm ∅, 4 cm hoch), Oasis-Steckschaum, Blumendraht, Bindedraht, grünes selbstklebendes Blumenband, grünes präpariertes Erikalaub, roter Ruskus, Gräser, Eukalyptuszweige, Schafgarbe, ein Wickenzweig (z.B. aus dem Dekogeschäft), Staubgefäße, Seidenband für fünf Anemonen, vier Tulpen und vier Osterglocken, Pritt Klebestift.

Stellen Sie zuerst die Seidenblumen her (siehe Seite 9, 11 und 15). Die hellgrünen Seidenblätter habe ich dem Wickenzweig entnommen. Am „Durchstich" habe ich sie auf den Drahtstiel von vier Anemonen gezogen, den ich anschließend mit selbstklebendem Blumenband umwickelt habe.

So können Sie das zarte Grün der Frühlingsblätter wirkungsvoller auf die Schale

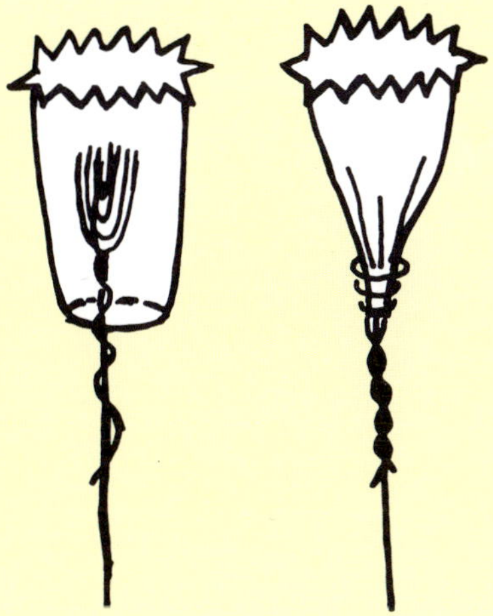

So entsteht die Glocke

verteilen, nachdem Sie in den Steckschaum Erikalaub und Ruskus als Grundlage für Blumen und Gräser gesteckt haben.

Tafelschmuck (Abb. S. 18)
(Kommunion, Konfirmation)

Material:
Je 1 m Seidenband (2 cm breit) in vier lila Farbtönen, Blumendraht, lila Tonpapier, selbstklebendes Blumenband, weiße Statice, Erikalaub und eine weiße Manschette.

Als Dekoration für eine Einsegnung wurde dieser Rosen-Seidenblumen-Schmuck entworfen. Für das große Tafeltuch und die Servietten wurden weiße Bettücher lila eingefärbt. Die als Verzierung auf die Servietten genähten Rosen sind aus Stoffstreifen gedreht.
Die Tischkarten, aus lila Tonpapier geschnitten, stehen auf einem Erikalaub-Zweig, an den zwei Seidenrosen gebunden sind.

Susanne

Für den Strauß müssen Sie sich 24 Seidenrosen (siehe Seite 20) aus den vier verschiedenen lila Farbtönen herstellen und sie mit Erikalaub und weißer Statice zusammenbinden. Die weiße Manschette als Abschluß verleiht dem Strauß einen frischen und festlichen Charakter.

Rosenbaum

Stecken Sie in einen lila bemalten, mit Gips oder Sand gefüllten Tontopf einen mit grünem Blumenkreppband umwickelten Rundholzstab (ca. 22 cm lang) ein. Spießen Sie vorsichtig eine ca. 10 cm ∅ große Steckschaumkugel auf. Die ca. 50 Seidenrosen, ebenfalls in vier lila Farbtönen, sind abwechselnd mit kleinen Sträußchen aus Erikalaub in die Kugel gesteckt worden. Eine lila Schleife wird als Abschluß um den Stab gebunden und das Füllmaterial des Topfes mit weißem Kies bestreut.

Sommer – Zeit der Rosen

In diesem Buch wird uns die Rose aus Seidenbändern durch das ganze Jahr begleiten, da sich dafür Bänder aller Farben eignen und die „Königin der Blumen“ in Form der Seidenrose den Brautstrauß und als Brokatrose den Adventskranz schmükken kann. Wenn Sie die Fotos betrachten, werden Sie die Vielfalt der Dekorationsmöglichkeiten erkennen.

So entsteht die Rose

Sie können Bänder von 1,5 cm bis 3,5 cm Breite für die Rosen verarbeiten. Je nach Breite des Bandes, schneiden Sie sich 20 bis 30 cm Länge davon ab. Legen Sie sich Binde-, Blumendraht und selbstklebendes Blumenband (bzw. Blumenkreppband) zurecht.

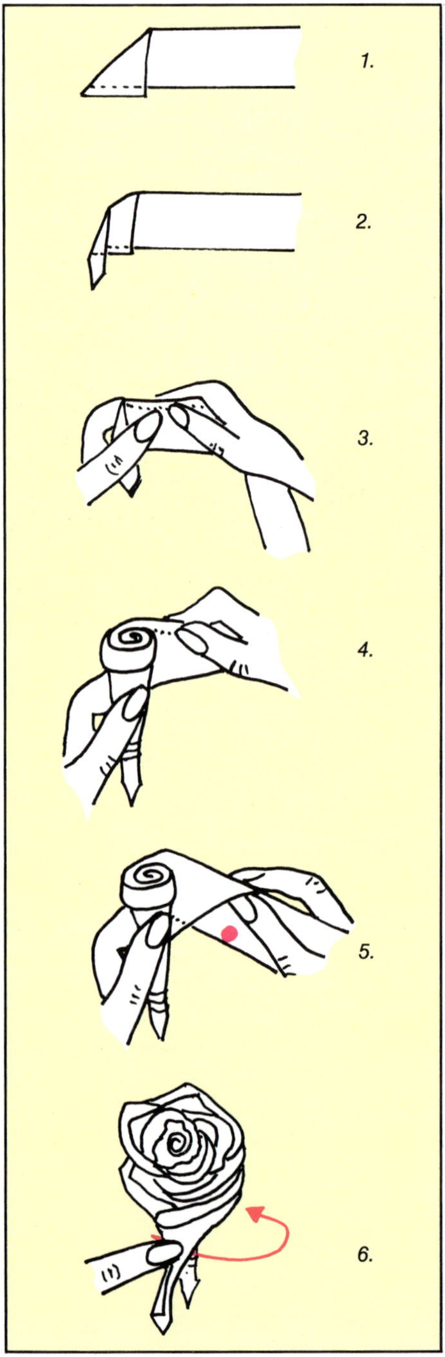

Arbeitsgang

1. Falten Sie nach vorn eine Ecke um.

2. Kippen Sie die so entstandene Spitze nach unten und halten Sie sie dort mit der linken Hand fest.

3. Kippen Sie mit der rechten Hand ein Paar Millimeter der oberen Kante nach hinten um.

4. Wickeln Sie vom Anfang her das Band etwa 10 cm zu einer Tüte auf.

5. Dann falten Sie das Band nach hinten um, wickeln die Tüte auf den roten Punkt zu und greifen das Band an dieser Stelle mit der linken Hand, falten Sie es wieder nach hinten usw.

6. Das Bandende ziehen Sie schräg nach unten und halten es unten an der Tüte fest. Drücken Sie dann mit dem Daumen ein Bindedrahtende dagegen (siehe roter Pfeil).

Nun binden Sie damit die Rose möglichst fest ab, damit sie nicht herausrutschen kann. Bei größeren Rosen verstärken Sie den Stengel mit Blumendraht. Versehen Sie diesen mit einer Schlinge, die Sie am Blütenfuß mit einlegen und mit dem Bindedraht gut umwickeln. Wenn Sie mehr Übung haben, können Sie auch gleich Blumendraht verwenden. Der Bindedraht läßt sich jedoch leichter fest anziehen und bindet so die Rose sicherer ab.

Wollen Sie eine voll erblühte Rose haben, schneiden Sie zusätzlich Blätter aus passendem Seidenband zu (Blattform, Anemone siehe Seite 11). Kleben Sie wie bei der Primel (siehe Seite 7) beschrieben übereinander und durchstechen sie in der Mitte. Geben Sie an diese Stelle etwas Klebstoff und ziehen den Stiel der fertigen Rose hindurch. Drücken Sie die unteren Blätter fest gegen die Rose und – wenn der Klebstoff getrocknet ist – umwickeln Sie den Stiel mit selbstklebendem Blumenband (s. Foto S. 22).

Für diesen duftigen Rosenstrauß benötigen Sie:

Vier rotbraune, sieben gelbe und drei orangefarbene Rosen, die Sie mit braunem Ruskus, weißer Statice, orangefarbenem und olivgrünem Ziergras zu einem Strauß binden. Die Drahtstiele umwickeln Sie mit selbstklebendem Blumenband.
Stecken Sie zum Abschluß den Strauß in eine braune Manschette.

Rosengesteck

In eine beigefarbene Keramikschale, gefüllt mit Oasis-Steckschaum, wurde dieser Rosenstrauß gesteckt. Das ganze Arrangement ist in warmen gelben, braunen und orangefarbenen Tönen gehalten. Aus einem preiswerten Seidenrosenstrauß, im Warenhaus im Vorübergehen entdeckt und gekauft, habe ich vier voll erblühte Seidenrosen mit Hilfe einer Kombizange abgeschnitten, um sie für das Gesteck zu verwenden. Diese massengefertigten Sträuße sind oft im Arrangement nicht sehr schön, fügen sich aber als einzelne Blumen in unsere Sträuße oder Gestecke gut mit ein, bilden von unseren Seidenbandblumen abweichende Farbtupfer und ersparen uns Zeit und Arbeit. Falls die abgeknipsten Stiele zu kurz sind, können Sie diese mit Hilfe von Blumendraht verlängern. Legen Sie den Draht oben mit einer kleinen Schlinge um den Stiel und umwickeln beide fest mit Blumenband. Brauner Ruskus, Silbertaler, bunte Gräser und drei Adiantumzweige sind in einem Dekogeschäft erstanden. Aus orange-, braun- und gelbfarbenem Seidenband stellen Sie sich drei voll erblühte, vier mittelgroße und fünf kleine Rosen her. Mit relativ wenig Vorarbeit können Sie sich nun diesen Rosenschmuck zusammenstecken.

Biedermeierstrauß für die Braut

Eine Hochzeit wird auf unterschiedlichste Weise gefeiert, doch der Blumenschmuck ist bei diesem Fest kaum wegzudenken.

In Museen werden Sie sicher schon alte künstliche Brautsträuße bewundert haben. So soll auch in diesem Buch Blumenschmuck, der nicht verwelkt, für dieses Fest nicht fehlen.

Dieser Biedermeierstrauß ist auf eine Tüllmanschette gesteckt und mit einer zartrosa Schleife verziert worden. Drei Margeriten und eine Rispe mit Orchideenblüten sind im Dekohaus erstanden. Die einzelnen Blüten müssen Sie mit einer Zange vom Zweig abtrennen und neu aufdrahten, um sie abwechselnd mit Sträußchen aus Erikalaub und den selbstgearbeiteten Rosen zu einem Strauß zu binden. Als Mittelpunkt wurde die größte rosa Rose gewählt. Als Grundmaterial für das kleine Brautpaar dienen Holzkegel, die mit etwas Spitze und Filz bekleidet werden.

Brautstrauß

Wie gefällt Ihnen dieser hängende Brautstrauß? Er wurde ebenfalls auf eine Tüllmanschette gearbeitet. Die beiden Freesienstiele, Lederfarn und Adiantum bekommen Sie im Dekogeschäft. Erikalaub und Schleierkraut dienen als Füllmaterial zwischen den Rosen und Freesien. Die kleine „Spitzenbraut" wurde wie die „Spitzenengel" (siehe Seite 46) gearbeitet.

Brautjungfersträuße

Komposition in Rosé

Dieser „Ton-in-Ton"-Strauß würde sicher auch mancher Braut gefallen. Wäre er nicht außerdem eine hübsche Tischdekoration? Je 2,5 m Seidenband, 2 bis 2,5 cm breit, in vier Rosé-Tönen benötigen Sie für 32 Rosen und 1 m dieses Bandes zusätzlich für die große Schleife. Weiße Statice und eine weiße Manschette vervollständigen den Strauß.

Blau-weiß-gelb getönt sind die Seidenbänder für diese Rosen. Grüner und brauner Ruskus und gefärbte Gräser runden den Strauß ab, der in einer Tüllmanschette steckt. Aus blauem und weißem Seidenband wurden die zwei Schleifen gebunden.

Die kleine Brautjungfer im blauen Spitzenkleid können Sie ebenfalls nach der Beschreibung „Spitzenengel“ arbeiten (siehe Seite 46).

Der geschwungene Korb für das Blumenmädchen darf nicht fehlen. Vielleicht dient er später noch als Tischdekoration. In den Steckschaum stecken Sie als Grundlage Erikalaub, sechs Margeriten, neun Rosen. Apfelblüten, Strohblumen und Gräser werden dann im bunten Wechsel dazwischen arrangiert.

Zu dieser braun-blauen Tonfigur passend wurde der Blumenschmuck hergestellt. Sie benötigen dafür braunen Ruskus, hellblaue Statice (ich habe als Ersatz weiße Statice mit Wasserfarbe und einem dicken Pinsel hellblau eingefärbt), acht weiße Röschen, eine Margerite und eine weiße Manschette. Aus Bindedraht, braunem Blumenband, kleinen gelben Perlen und Filzresten stellen Sie sich 14 Filzblümchen (s. Seite 12), und aus weißem und hellblauem Seidenband (1,5 cm breit) 8 weiße und 12 hellblaue Röschen (siehe Seite 20) her.

Binden Sie sich zuerst zwei kleine Sträußchen, die Sie in die dafür vorgesehenen Öffnungen der Tonfigur stecken. Für den passenden Biedermeierstrauß wählen Sie als Mittelpunkt die Margerite und ordnen darum zuerst kleine Ruskussträußchen an. Anschließend binden Sie abwechselnd aus Ruskus, Statice und den unterschiedlichen Blumen, kleine Sträuße, die Sie rundherum, jede Reihe etwas tiefer angesetzt, zum Strauß binden (siehe Seite 12). Zum Abschluß ziehen Sie die weiße Manschette auf.

Tischdekoration für eine Geburtstagsfeier (s. Foto S. 30)

So entstehen Serviettenringe, Kerzenring und Tischkarten

Material:
Hornringe, Häkelbast (verschiedene Farben), Häkelhaken 2½, weiße Briefkarten und Alleskleber.

So wird der Hornring umhäkelt:

1. Bilden Sie mit dem Bast eine Schlinge. Holen Sie den Faden von hinten nach vorn durch die Schlinge.

2. Die Schlinge wird zugezogen. Nehmen Sie die erste Luftmasche auf die Häkelnadel.

3. Nun nehmen Sie den Hornring in die linke Hand und halten mit Daumen und Mittelfinger von hinten den unteren Bastfaden dagegen. Holen Sie mit dem Häkelhaken in Pfeilrichtung eine Schlinge nach vorn.

4. Schlagen Sie den Bastfaden um den Häkelhaken und ziehen ihn in Pfeilrichtung durch Schlinge und Luftmasche.

5. Die erste feste Masche ist entstanden.

Nun umhäkeln Sie den Ring dicht mit festen Maschen. Am Schluß wenden Sie die Arbeit und behäkeln den Ring nur noch bis zur Hälfte mit festen Maschen. Als Abschluß setzen Sie auf die doppelte Maschenreihe eine Pikotkante (auch Mäusezähnchen genannt). Häkeln Sie am Anfang eine feste Masche, dann folgen drei Luftmaschen. In die erste Luftmasche zurückgehend häkeln Sie eine feste Masche.

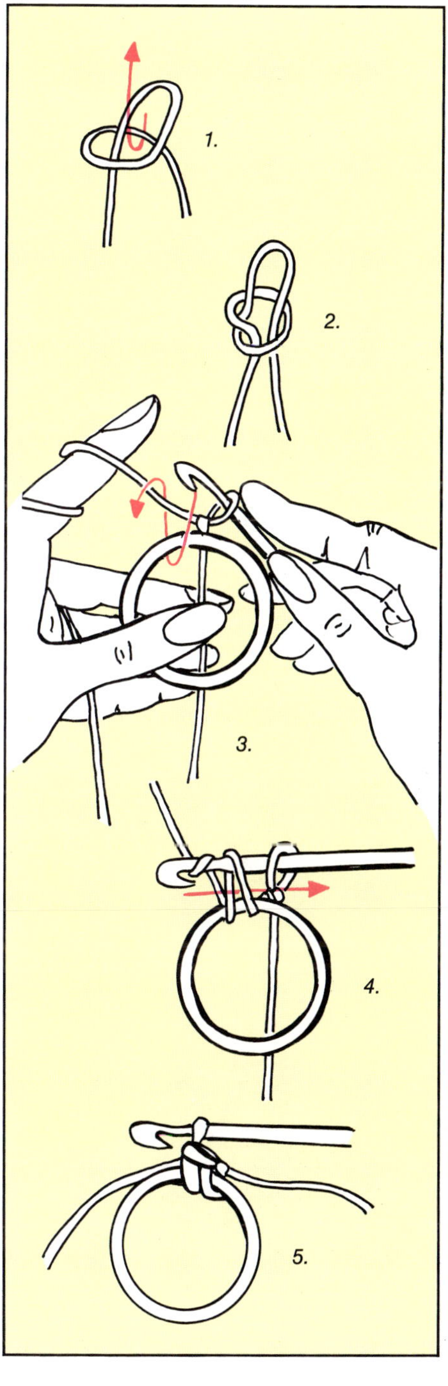

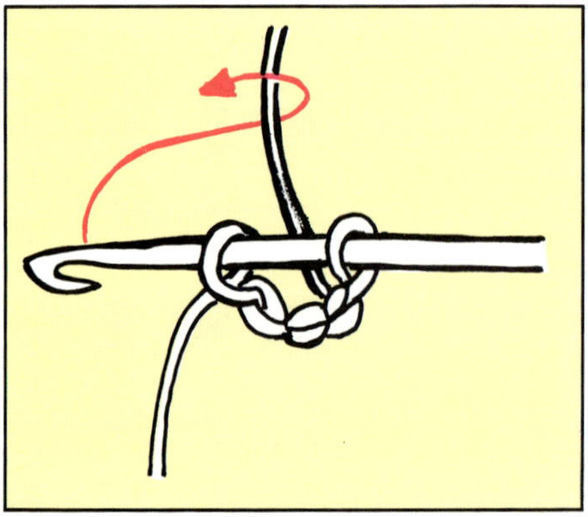

Die Bastrosette entsteht

Häkeln Sie aus einem Bastfaden fünf Luftmaschen. Stechen Sie in die Anfangsluftmasche ein, holen den Bastfaden und ziehen ihn durch die erste und letzte Masche hindurch. Entfernen Sie die Häkelnadel und ziehen den Bastfaden fest an. Nach ca. 15 cm schneiden Sie ihn ab, fädeln ihn in eine dicke Stopfnadel und nähen damit die fertige Rosette zwischen Ring und Mäusezähnchen auf die festen Maschen auf.

Ring als Kerzenverzierung

Umhäkeln Sie einen Hornring in 2 Reihen mit festen Maschen. Die zweite Reihe ebenfalls rundherum behäkeln. Den Abschluß bildet eine geschlossene Mäusezähnchenkante. Die festen Maschen werden dicht mit verschiedenfarbenen Bastrosetten benäht.

Tischkarten

Schneiden Sie sich aus weißem Karton Tischkarten zurecht. Nähen Sie drei Rosetten zusammen und je eine grüne Bastschleife dahinter. Diesen kleinen „Blumenstrauß" kleben Sie mit Alleskleber auf die Tischkarte.

Blumenstrauß

Der Blumenstrauß für diese Tischdekoration besteht aus 16 Seidenrosen. Sie können für die vielen verschiedenen Farben gut Reste verwenden. Grüner Ruskus, Zittergras, Statice und Schleierkraut umrahmen die Rosen. Der Strauß steckt in einer weißen Biedermeiermanschette.

Feldblumenstrauß

Material:

1,20 m Seidenband (4 cm breit), rot
1,20 m Seidenband (4 cm breit), blau
1,20 m Seidenband (2 cm breit), weiß
5 braune Perlen, grünes, selbstklebendes Blumenband, Hafer, Gerste, Weizen, Schafgarbe (Achilea), Ruskus (braun und grün), Sisalschnur (gelb und schwarz), Ponal, Blumendraht, Bindedraht und gelbe Wolle.

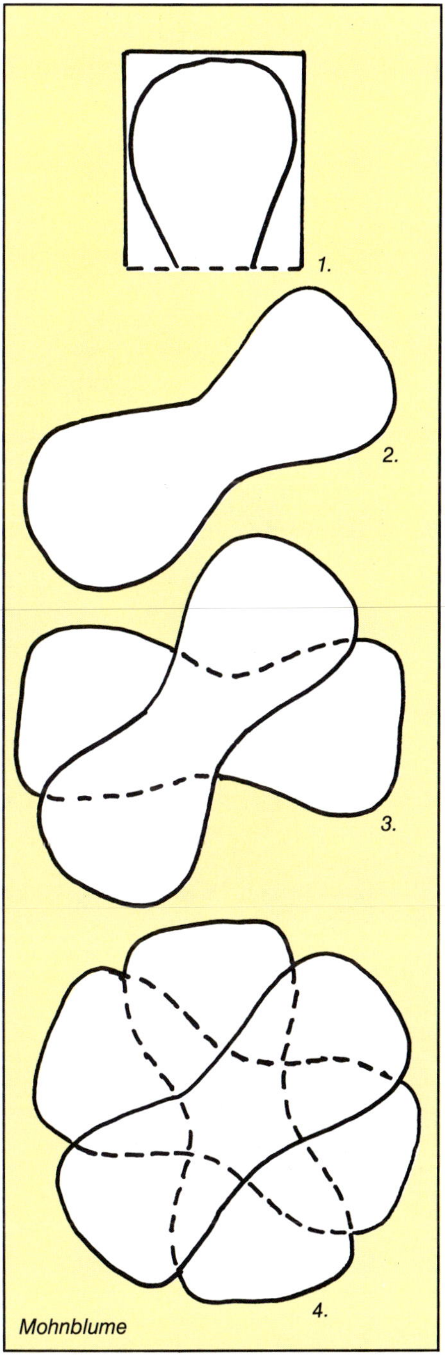

Mohnblume

Für jede Mohnblume schneiden Sie dreimal 8 cm Länge vom Seidenband ab und kniffen es in der Mitte um. Nun schneiden Sie die Blütenblätter zu, nehmen sie auseinander (siehe 1. und 2.) und ziehen sie an den abgerundeten Enden über die Schere, um ihnen eine etwas gewölbte Form zu geben. Dann bestreichen Sie diese in der Mitte mit Ponal, kleben sie auf „Lücke" übereinander (siehe 3. und 4.) und stechen in der Mitte ein Loch ein.

Staubgefäß

1. Ziehen Sie eine Holzperle auf Blumenbindedraht (ca. 20 cm lang), den Sie zusammenbiegen und dicht unter der Perle verdrillen.

2. Schneiden Sie sich von einer schwarzen Sisalschnur zweimal 4 cm ab und drehen diese auseinander, damit lockere Büschel entstehen. Legen Sie beide Enden des Bindedrahtes um die Mitte des ersten Sisalbüschels und verdrillen ihn dicht darunter. Ziehen Sie beide Drahtenden in Richtung der Büschelenden.

3. Das zweite Büschel legen Sie kreuzweise darunter, umschlingen es in der Mitte ebenfalls mit den Bindedrahtenden und verdrillen sie dicht darunter.

4. Nun biegen Sie die vier Büschelenden nach oben und verteilen sie dabei möglichst gleichmäßig um die Perle herum. Das Staubgefäß ist fertig. Wenn nötig, können Sie die Sisalschnurenden noch gleichmäßig beschneiden.

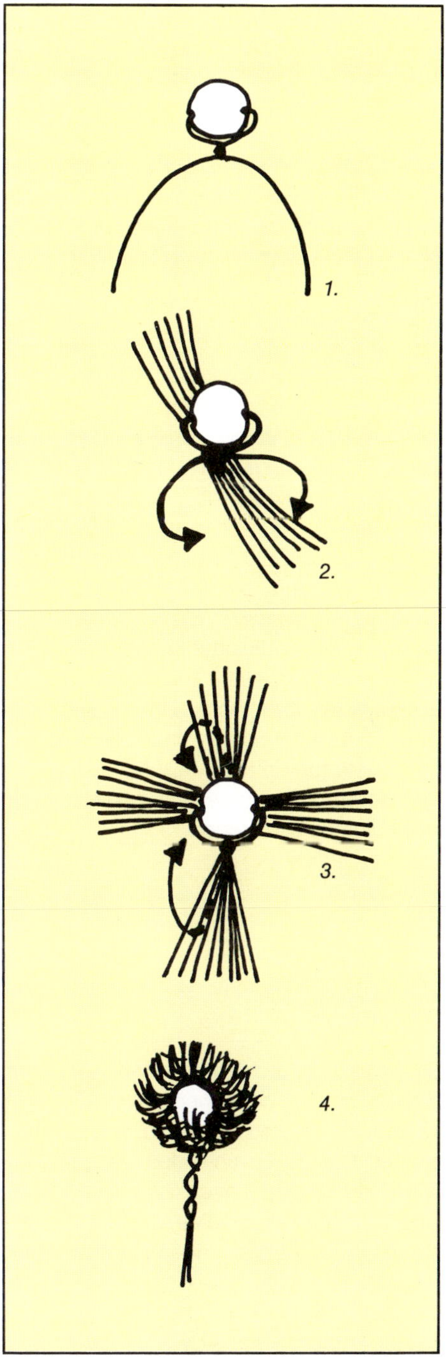

Kornblume

Schneiden Sie dreimal 8 cm Länge vom Seidenband ab, knicken es in der Mitte zusammen, und schneiden Sie die Blumenblätter nach Schnitt zu. Kleben Sie die Blumenblätter auf Lücke übereinander, stechen das Loch ein und prägen danach die Blume (siehe Beschreibung Mohnblume).

Staubgefäß

1. Schneiden Sie sich von schwarzer Sisalschnur dreimal 4 cm Länge ab und drehen die einzelnen Stücke auseinander (Büschel). Umschlingen Sie das Büschel in der Mitte mit Bindedraht.

2. Drücken Sie die beiden Büschelhälften nach oben und verdrillen darunter den Bindedraht. Schneiden Sie sich das Staubgefäß in die gewünschte Länge und tupfen es in etwas Deckweiß ein. So wirken die Staubgefäße sehr echt. (Tip: Wenn kein Deckweiß vorhanden, sind auch Zahnpastareste als Ersatz möglich!) Nun arbeiten Sie die Kornblume weiter, wie bei der Mohnblume beschrieben.

Margerite

Schneiden Sie sich vom Seidenband (1 cm breit) achtmal 6 cm Länge ab. Die Spitzen können Sie je nach Wunsch (siehe Blattspitzen 1. 2. 3.) zuschneiden. Je zwei dieser Blumenblätter kleben Sie zuerst kreuzweise zusammen und dann die Paare nacheinander auf Lücke übereinanderkleben (Mitten jeweils mit dem Pritt Klebestift bestreichen). In die Mitte der Blume stechen Sie ein Loch ein (siehe Seite 3).

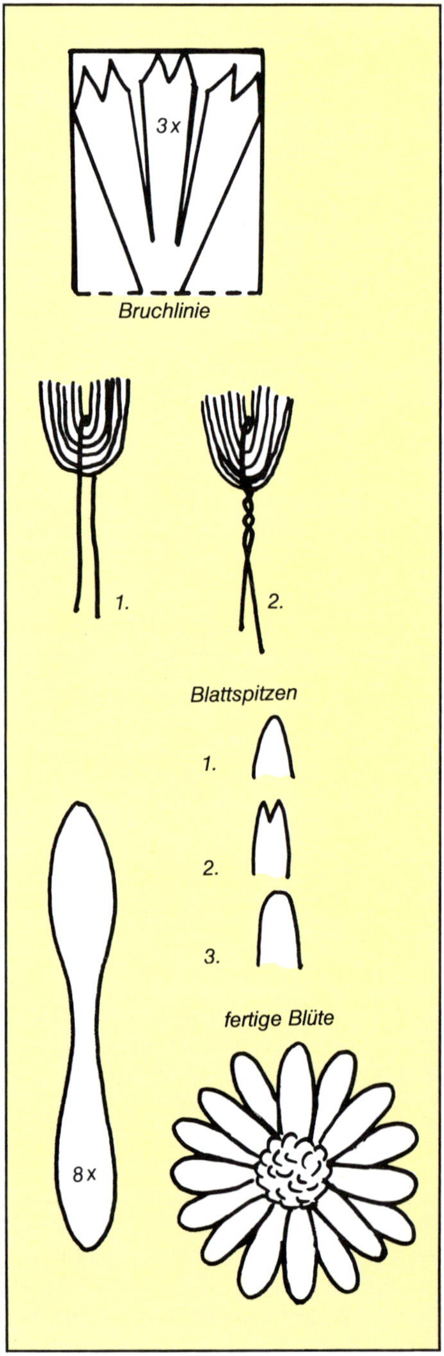

Staubgefäß

Pomponstaubgefäße gibt es im Fachhandel fertig zu kaufen.

Mit einem passenden Wollrest lassen sich die Staubgefäße selbst herstellen.

1. Wickeln Sie, je nach Wollstärke, 10 bis 20 Windungen Wolle um den linken Zeigefinger. Ziehen Sie die Wollschlaufe herunter und Bindedraht hindurch. Biegen Sie ihn zu einer Schlaufe zusammen und verdrillen ihn dicht unter der Wollschlaufe fest.
2. Schneiden Sie diese oben auf.
3. Beschneiden Sie sie zu einem Pompon. Wenn es zu der Blume paßt, können Sie die Ränder des „Wollbommel-Staubgefäßes“ mit einem Filzstift noch etwas einfärben.

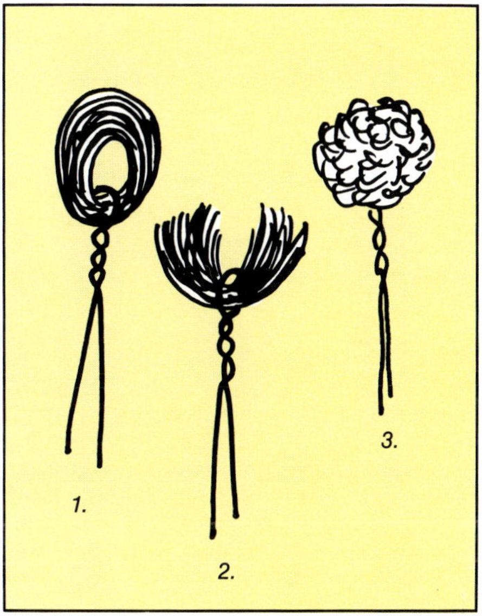

Feldblumengesteck (Abb. S. 35)

Dieses Feldblumengesteck habe ich für eine helle Eichenholzküche, deren Kacheln und sonstiges Zubehör in den Farben Braun, Beige, Ockergelb gehalten sind, gearbeitet. Die Kornblumen sind braun, die Mohnblumen orange und braunrot, dazu als leuchtender Farbtupfer drei im Fachgeschäft erstandene gelbe Margeriten. In ein ockerfarbenes Tongefäß, auf Oasis-Steckschaum gesteckt, fügt sich dieser Feldblumenstrauß farblich in die Küche gut ein.

Sommergesteck

Für dieses Sommergesteck sind die Korn-, Mohnblumen und Margeriten nur aus weinroten, dunkel- und hellrosa Seidenbändern gearbeitet worden. Farblich dazu passende Immortellen, braune Gräser, weiße Statice und roter Ruskus wurden in eine weiße Vase auf Oasis-Steckschaum gesteckt. Das Foto zeigt Ihnen, wie die kleine Abwandlung des Feldblumengesteckes dieses Arrangement sommerlich zart und duftig wirken läßt.

Herbstgesteck (Abb. S. 37)

Dieses Herbstgesteck paßt sich in den Farbtönen der Natur an, die uns zum Abschied vom Sommer noch einmal diese herrlich leuchtenden, harmonisch ineinander überfließenden Farben beschert.

Material:
Helle Tonschale (∅ 15 cm, Höhe 8 cm), Oasis-Steckschaum, Strohblumen, Gräser, für 16 Dahlien ca. 8 m Seidenband (2 cm breit), verschiedene Rot-, Gelb-, Braun- und Rosétöne, Woll- und Sisalschnurreste (gelb und braun), rotes, präpariertes Eichenlaub, Blumendraht, Pritt Klebestift.

Schneiden Sie die Blätter nach der Schablone zu. Kleben Sie sie versetzt übereinander (siehe Seite 7). Wenn Sie die Blütenblätter vorher prägen, wirkt die Dahlie lebendiger (siehe Seite 3).

Stellen Sie sich Staubgefäße aus Woll- und Sisalschnurresten her (s. Seite 34 und 35). Geben Sie etwas Klebstoff auf das fertige, durchstochene Blütenblatt und ziehen den Draht des Staubgefäßes von oben hindurch. Nun stecken Sie die Dahlien abwechselnd mit Gräsern, Strohblumen und dem Eichenlaub in die mit Oasis-Steckschaum gefüllte Schale, wie Sie es auf dem Foto sehen.

Wenn der erste Frost die letzten Blätter von den Bäumen fallen läßt und Nebel die bunten Farben in der Natur grau verschleiert, beginnt die Adventszeit. Jetzt gibt es Mußestunden, in denen wir uns gern mit Bastelarbeiten befassen, die auch etwas zeitaufwendiger sein dürfen.

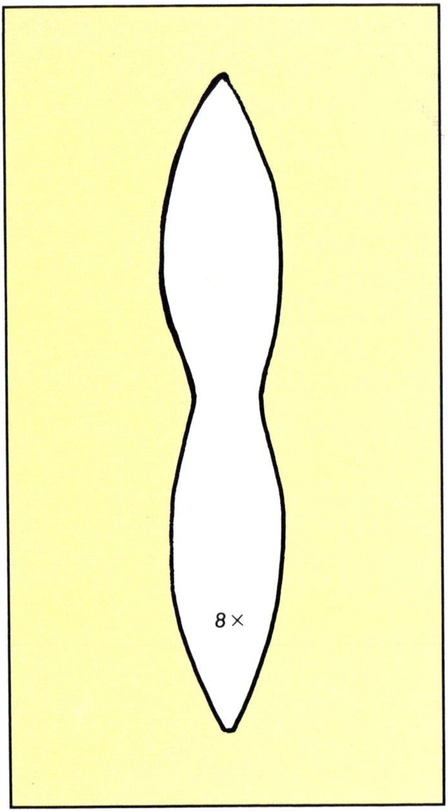

Kleine Filigran-Kunstwerke

Die Arbeitsanleitungen für die verschiedenen Bouillon-Blüten und -Blätter geben Ihnen Text und Zeichnungen. Die bunten Fotos sollen Sie zum Nacharbeiten und zum Entwerfen eigener Schöpfungen anregen.

Kränze binden

1. Stellen Sie eine Girlande her, wie Sie es als Kind bei den Wiesenblumenkränzen gewohnt waren. Der dünne Bindedraht, den Sie zum Aufdrahten Ihrer Gewürze, Bouillonblüten usw. verwenden, läßt sich viel besser binden, als die Blütenstengel der

Wiesenblumen. Am Schluß ziehen Sie den Anfang über das Ende der Girlande und schließen so den Kranz. Über diese Stelle winden Sie mehrere Male den feinen Bindedraht, den Sie auf der oberen Hälfte vorsichtig zwischen Bouillonblüten und Gewürzen entlang führen. Wenn diese Abschlußstelle Ihnen einmal nicht so nahtlos gelingen sollte, können Sie darauf eine Samtschleife stecken.

2. Für den kleinen Nelkenkranz (siehe Seite 41) stellen Sie aus Blumendraht einen Grundkranz her. Blumendraht zwei- bis dreimal je nach Größe der Kranzschlinge legen und anschließend mit Blumenkreppband umschlingen. Auf diesen Kranz erst von der Außen-, dann von Innenseite her die fertigen Nelken um den Kranz wickeln, dazwischen gleichmäßig verteilt die kleinen Samtblümchen (aus dem Dekogeschäft) mit einbinden.

Kerzenkranz (13 cm ∅)

Material:

Verschiedene Gewürze, Mohnkapseln, Lärchenzapfen, rosa Wachsperlen, vier braune Blätter, Blumen-, Bindedraht, Blumenkreppband (braun), Perl-, Plombendraht, Goldbouillondraht, rosa Kerze, Korkteller (15 cm ∅).

Schmuck zur goldenen Hochzeit

Die „Krone" für die Jubelbraut ist auf einen einfachen Haarreifen aus Horn gearbeitet worden. Eine große und vier kleine Bouillonblüten, sechs Brokatrosen und 2 cm lange Ruskuszweige wurden abwechselnd angeordnet und mit grünem Bindedraht an dem Reif befestigt. Für die Serviettenhalter benötigen Sie einfache braune Hornschnallen. An einer Seite des Mittelsteges befestigen Sie mit Bindedraht ein kleines Sträußchen aus drei Brokatröschen, Erikalaub und einer Bouillonblume. Eine Serviette mit Stoffcharakter, fächerförmig gefaltet, ziehen Sie von hinten über den Mittelsteg. Die mittlere Falte des „Fächers" wird von hinten mit kleinen Serviettenklammern zusammengehalten. Für den kleinen Bouillonstrauß müssen Sie sich neun Rosen aus Goldbrokatband, eine große Bouillonblüte (vier Bouillonblätter, vier Perlringe und eine goldene Perle als Mittelpunkt) und drei kleine Bouillonblüten (drei Bouillonblätter um eine goldene Perle angeordnet) herstellen. Dazwischen wird grünes, präpariertes Erikalaub gebunden. Als Abschluß ordnen Sie rundherum vergoldete Rosenblätter an.

Nelkenkranz

Material:
12 Samtblumen (bzw. Filzblüten, s. S. 12), 60 Nelken in Goldbouillon eingefaßt, Binde-, Blumendraht, braunes Blumenkreppband.

So werden die Nelken aufgedrahtet:

1. Ein Stück Bouillon abschneiden und auf Bindedraht auffädeln.

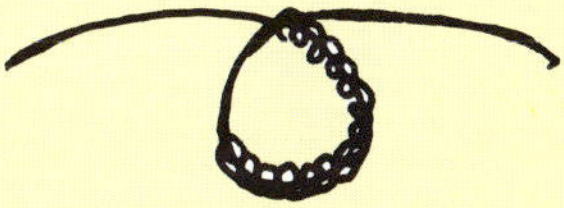

2. Ein Bindedrahtende durch letzte Bouillonschlinge ziehen.

3. Schlinge anziehen.

4. Nelke durch Schlinge stecken. Schlinge festziehen.

5. Bindedrahtenden nach unten biegen und verdrillen, ca. 2 cm mit Blumenkreppband umwickeln. Darunter noch etwa 4 cm Bindedraht stehen lassen.

Bouillon-Kranz (10 cm ∅)

Material:
Fünf gelbe und fünf braune Rosen aus Seidenband (1,5 cm breit, je 1 m lang), braune Holzperlen, olivgrüne Wachsperlen und goldbraune sehr kleine Glasperlen, vier kleine goldene Blätter, Zapfen, Nelken, Blumen-, Bindedraht, Perldraht, Plombendraht, Goldbouillon, braunes selbstklebendes Blumenband.

Ansteckstrauß

Material:
60 cm rosa Seidenband (1,5 cm breit), zwölf Nelken, fünf rosa Wachsperlen, vier kleine, zwei große braune Samtblätter, 70 cm schmales braunes Samtband, Bouillon-, Plomben-, Blumen-, Binde- und Perldraht, braunes, selbstklebendes Blumenband, Anstecknadel.

Fassen Sie sich zwölf Nelken mit Bouillon ein (siehe Seite 41), arbeiten Sie eine Bouillonblüte (fünf einfache Bouillonblätter um eine aufgedrahtete rosa Wachsperle herum anordnen), drei gezackte Bouillonblätter und drei Seidenrosen. Für die „Perldrahtblüte" ordnen Sie drei „Herzblätter" um eine auf Draht gezogene Perle herum an und umwickeln sie mit Bindedraht. Nach dem Binden des Sträußchens umwickeln Sie die Drahtstiele mit Blumenband und verzieren Sie ihn zum Schluß mit einer Schleife aus dem braunen Samtband. Vergessen Sie nicht die Anstecknadel anzubringen!

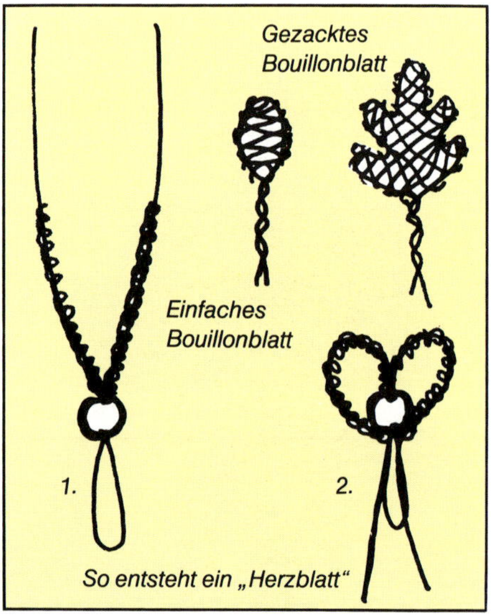

Adventsgesteck

Material:
Flache Peddigrohrschale 30 × 15 cm, Oasis-Steckschwammblock 20 × 8 cm, 4 cm hoch, Zweig mit Lerchenzapfen, 3 Disteln (braun übersprüht), 1 Distel (Natur), 3 Kiefernzweige, Eibe- bzw. Edeltannenzweige, Seidenband (2 cm breit, 2 Brauntöne, 1 Goldgelbton, Bienenwachskerze, Blumendraht.

Befestigen Sie den Oasis-Steckschwammblock mit Blumendraht auf der Peddigrohrschale. Sie müssen dabei den Draht durch die Zwischenräume des Geflechtes führen und den Block mehrere Male kreuz und quer gut verschnüren. Dieses selbsthergestellte „Drahtgeflecht" gibt auch den hohen Zweigen gleich mehr Halt. Die Kerze versehen Sie mit zwei Drahtschlingen, die Sie seitlich verdrallen und deren etwa 3 cm lange Enden in der Mitte in den Steckschwammblock versenken. Binden Sie den Lerchenzweig seitlich am Drahtgeflecht fest. Schneiden Sie sich von der Eibe bzw. Edeltanne etwa 10 cm lange Stücke, und stecken Sie sie von der Kerze ausgehend, fächerförmig schräg zur Seite in den Steckschwammblock ein. Die Kiefernzweige versenken Sie ebenfalls seitlich und dazwischen die Disteln, möglichst mit leichtem Schwung zur Kerze hin (siehe Foto). Arbeiten Sie drei goldgelbe, zwei rot- und 2 dunkelbraune Rosen (Drahtstiele ca. 8 cm lang), stecken Sie von vorn gut verteilt zwischen Tanne und Lerchenzapfen. Vergessen Sie nicht, seitlich die Holzblüte einzustecken. Vielleicht regt auch dieses Gesteck Sie zur Verwendung anderer Materialien und zu anderen Farbkombinationen an.

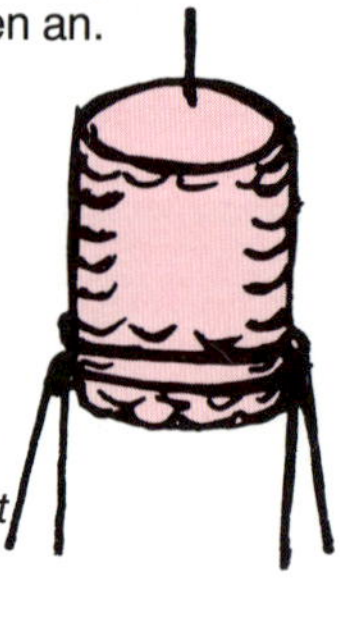

So wird die Kerze angedrahtet

Adventskranz

Material:
1 Porokranz (30 cm ∅)
1 Beutel grünes, präpariertes Erikalaub,
1 Schachtel Haften, Blumendraht,
4 große und 4 kleinere Golddisteln,
4 Holzsteckkerzenhalter,
4 goldgelbe Kerzen,
2 m Goldbrokatband (2,5 cm breit),
1 m Goldfolienband (2,5 cm breit).

Dieser Adventskranz nadelt nicht und wird Ihnen darum alle Jahre wieder Freude bereiten.
Schneiden Sie sich aus dem Erikalaub ca. 10 cm lange Stücke zurecht. Beginnen Sie damit, den Porokranz von innen nach außen dicht zu bestecken. Befestigen Sie das Erikalaub, indem Sie über die Stiele Haften (Metallhaken) in den Kranz drücken. Legen Sie die nächste Schicht Erikalaub so auf, daß die Stiele der ersten vom Laubgrün überdeckt werden (auch diese Reihe wieder gut mit Haften feststecken usw.).

(Tip: Wenn Sie etwas Erikalaub sparen wollen, können Sie den Kranz vorher mit grünem Kreppapierband umwickeln.) Verteilen Sie dann die Holzkerzenhalter, die mit einem Stecknagel versehen sind, gleichmäßig auf den Kranz und stecken die Kerzen darauf. Drapieren Sie Golddisteln und Goldrosen rundherum (s. Foto).

Eines Tages drückte mir eine Freundin einen Beutel Spitzenreste in die Hand, mit der Bemerkung: „Du kannst bestimmt etwas damit anfangen!“ Sie behielt recht, was die Fotos unterstreichen.

Spitzenengel

Material:
Spitzenreste, Brokatband, Plombendraht, Binde- und Bouillondraht, Perlen, Hanf oder Rupfen, Nähgarn, kleine Wattekugeln, 1 cm ∅, hautfarbenes Perlonstrumpfgewebe, Ponal, Goldbronze.

Für den kleinen Engel (im Setzkasten) schneiden Sie sich 12 x 6 cm Spitze zu und für den größeren 16 x 8 cm. Wenn gewünscht, können Sie die Spitze mit Goldbronze übersprühen. Die weiße Spitze bekleben Sie unten auf der Innenseite mit einem Brokatband. Wenn Sie Ponal verwenden, wird der fertige Rock ganz steif. Während die Spitze trocknet, beziehen Sie Wattekugeln mit Strumpfgewebe. Binden Sie es unten mit einem Faden fest ab und schneiden das überstehende Perlongewebe unter der Abbindestelle weg.
Schneiden Sie sich ein Stück braunen oder hellen Bindfaden (Rupfen) ca. 6 cm lang ab, drehen ihn auseinander und ziehen beide Enden fest über die Schere, damit Locken entstehen. Kleben Sie diese „Haare“ auf die bezogenen Wattekugeln.
Wenn die Spitze trocken ist, nähen Sie die 6-cm- bzw. 8-cm-Seiten von links zusammen. Stechen Sie in den oberen Rand einen Kräuselfaden ein, stecken den Wattekugelkopf hinein und ziehen den Faden direkt unterhalb der Kugel fest zusammen.
Nachdem Sie die „Halskrause“ der Spitze mit dem „Perlongewebehals“ vernäht haben, drücken Sie die Spitze flach und step-

Faden anziehen, vernähen

Gestrichelte rote Linie durchsteppen. Danach rundherum Kräuselfaden ziehen, anziehen.

pen bis zum Rücken durch, seitlich je etwa 1 cm breite und 2 cm lange „Ärmel" ab. Nun nähen Sie entlang der Taille einen Kräuselfaden ein, den Sie anziehen und vernähen. Die Flügel können Sie aus goldübersprühter Spitze herstellen oder auch aus Bouillondraht (siehe Seite 42, Einfaches Bouillonblatt).
Dazu paßt eine Bouillonblüte, die zwischen die „Arme" gesteckt und festgenäht wird und vielleicht auch ein kleines Bouillonkrönchen. Aus ca. 1 cm breitem und 7 cm langem Brokatband (wenn nötig breiteres Band halbieren) sind die kleinen Rosen gedreht. Sie können eine Spitzenblume ausschneiden und sie als Manschette benutzen.

Wandkranz (hintere Umschl.-Seite)

Material:
Ein Oasis-Steckkranz (14 cm ∅),
je 80 cm Seidenband (2 cm breit), rosa und weinrot,
1,20 m Goldbrokatband (2 cm breit),
40 cm Brokatbandrest (rosa-silber),
30 cm Samtband (1 cm breit), weinrot, für die Schleife,
30 cm Samtband (1,5 cm breit), weinrot,
Plombendraht (gold und silber),
Bouillon (gold und silber), 8 Ilexperlen,
Ruskus (braun), Statice (weiß).

Zuerst ziehen Sie sich einen kleinen Messingring auf das 1,5 cm breite Samtband, legen es dann als Aufhängerschlinge um den Oasis-Steckkranz, an dem Sie es auf der Rückseite mit Stecknadeln feststecken. Nun bestecken Sie den Kranz mit Ruskus und Statice (vorher ca. 2 cm lange Stücke schneiden). Wickeln Sie sich Rosen aus je 20 cm Seidenband und binden Sie mit Blumendraht ab, dessen Enden Sie zum Einstecken ca. 3 cm lang lassen und dann über den Kranz verteilt zwischen den Ruskus stecken.
Arbeiten Sie acht silberne und vier goldene Bouillonblätter und stecken diese, wie auch die Ilexperlen, gleichmäßig auf den Kranz verteilt in den Steckschaum.
Aus dem schmalen Samtband binden Sie eine Schleife, und versehen sie an der Abbindestelle mit einer kleinen Drahtschlinge. Damit können Sie die Schleife als Verzierung auf den Kranz stecken.

Brokatherzen, Brokatsterne

Überziehen Sie Blumendraht mit einer Brokatkordel oder Bouillondraht. Biegen Sie sich den Draht in die gewünschte Form, indem Sie ihn zum Beispiel um Plätzchenformen drücken. Verdrillen Sie die Enden in der Mitte. Legen Sie darum die Aufhängeschlaufe aus Brokatkordel und binden mit Bindedraht an dieser Stelle kleine Brokatrosen und Ruskusblätter an. Um die Zacken des Sternes wurde zusätzlich Brokatkordel geschlungen. So behält er besser seine Form.

ISBN 3-7724-0647-5 · , Druck: Frech, Stuttgart

Auflage: 5. 4. 3. Letzte Zahlen
Jahr: 1987 86 85 maßgebend

Fotos auf S. 22, 27, 28, 37, 43: Arno Bleyl, Braunschweig.
Die Nelkenkränze auf der Titelseite und die Arbeiten auf S. 18, 19, 25, 39, 42, 43 wurden freundlicherweise von der Kursleiterin Ursula Keil, Braunschweig, zur Verfügung gestellt.